"앗, 따가워."
예쁘게 핀 장미꽃을 한 송이 꺾으려다가 그만
뾰족한 장미 가시에 손가락을 찔리고 말았어요.

장미는 왜 뾰족한 가시를 가지고 있을까요?

꽃을 손으로
문지르면
장미꽃 향기가
나요

아름다운 장미 화려함을 자랑하는 붉은 장미는
꽃말이 '아름다움'이에요.

감수 **현진오**

서울대학교 식물학과를 졸업하고, 같은 학교 대학원에서 석사 학위를 받았으며, 박사 과정을 수료했습니다.
한반도 보호 식물의 선정과 사례 연구로 순천향대학교 대학원에서 박사 학위를 받았으며,
현재 동북아식물연구소 소장, 국립환경과학원 평가위원으로 있습니다.
저서로는 〈초등학생이 꼭 알아야 할 풀과 나무 200가지〉, 〈식물 뿌리 깊은 내 친구〉, 〈한국 특산 식물〉, 〈우리 민들레〉,
〈아름다운 우리 꽃 전 4권〉, 〈설악산 생태 여행〉 등 많은 작품이 있습니다.

글 **꿈꾸는 초록이**

대학에서 자연과학을 전공한 과학 전문 출판인들의 모임입니다.
오랜 세월 녹색 환경과 생태에 관심을 가지고 많은 자연과학 및 생태 관련 서적을 출판하였으며
오늘도 어린이들에게 자연의 아름다움과 꿈을 키워 주기 위해 노력하고 있습니다.

글 **최수복**

전남대학교 불어불문학과를 졸업하고 현재 동화 작가로 활동하고 있습니다.
2007년 〈하늘나라 채소밭〉으로 창작동화 공모전에서 상을 수상했으며, 현재 〈녹색환경〉에 창작동화를
지속적으로 발표하고 있습니다.
저서로는 〈도시락이 똥이래요〉, 〈소나무〉, 〈고래가 되고 싶은 삼나무〉 등 많은 작품이 있습니다.

+UP 자연속으로 아름다운 꽃의 여왕 장미

감수| 현진오 **글|** 꿈꾸는 초록이 · 최수복 **그림|** 변효준 · 황미선 · 박순구 · 안우정
펴낸이| 최학용 **펴낸곳|** 키즈탄탄 주식회사 **출판등록|** 제2022-000051호
주소| 서울특별시 금천구 가산디지털1로 30, 901호 **TEL|** 031-341-1025
홈페이지| www.tantani.com
편집 책임| 이정순 **편집|** 김미연 · 정진미 · 이수정 · 이주연 · 박지은 · 강효임 · 오유리 **교정|** 박사례
디자인| 천현정 · 강경진 · 왕효수 · 이영희 · 명희경 · 한옥현 · 전경숙 **조판|** 민정희 **포토 리서치|** 홍수진 시몽포토에이전시

사진제공
멀티비츠/GettyImagesKorea · 시몽포토에이전시 · 유로크레온 · 타임스페이스 · 토픽포토에이전시 ·
AGE Photostock · Corbis · GAP Photos · Iconica · Imaggio · Index Stock Imagery · Masterfile ·
Photographers Choice · Photolibrary/Oxford · The Bridgeman Art Library · The Image Bank · The Nature Picture Library · Fotolia

ISBN 979-11-93042-61-8 ISBN 979-11-982571-0-9 74400 (세트)

아름다운 꽃의 여왕

장미

감수 현진오 | 글 꿈꾸는 초록이 · 최수복

여원키즈탄탄

장미는 꽃의 여왕이에요

봄기운이 한창 무르익는 5월, 모든 나무와 꽃들은
대지의 기운을 내뿜으며 한껏 싱그러워져요.
장미는 5월에 피는 꽃 중에서 꽃송이가 크고, 향기가 진한 데다
색이 강렬하고 화려해서 사람들의 눈길을 끌며, 꽃의 여왕으로 불려요.

화려한 장미꽃 빨간 꽃송이가 탐스럽게 피었어요.

상식 톡톡

장미꽃의 탄생과 관련된 이야기에는 뭐가
있을까요? | 그리스 · 로마 신화에 나오는 미의
여신 아프로디테를 본 신들이 세상에서 가장
아름다운 꽃을 만들어 바쳤는데, 그 꽃이 바로
장미꽃이라는 이야기가 있어요. 장미는 미의 여신과
관련된 꽃이라서 꽃의 여왕이라 부르나 봐요.

장미꽃의 진한 향기는 멀리멀리 퍼져서 많은 곤충을 불러 모아요.
빨강, 노랑, 하양 등 여러 가지 꽃잎 색깔로도 곤충을 유혹해요.
장미꽃을 찾아온 여러 가지 곤충은 맛있는 꿀을 먹고
암술머리에 꽃가루를 묻혀 주어 열매를 맺게 도와주어요.

장미꽃의 꿀을 먹는 나비 나비가 장미꽃의 꿀을 맛있게 빨아 먹고 있어요.

장미꽃을 찾아온 꽃등에 꽃등에가 장미꽃 위에 앉아서 꿀을 찾고 있어요.

아얏! 몸에 뾰족한 가시가 있어요

장미는 줄기의 껍질 일부를 가시로 만들었어요.
벌레가 줄기를 타고 올라와 꽃에 피해를 입히는 것을 막기 위해서지요.
또, 가시가 있으면 다른 동물들이 함부로 가까이 오지 못해요.
장미가 자기 몸을 지키는 방법이 참 영리하지요?

줄기에 촘촘하게 난 가시 가시는 장미 자신을
방어하는 무기예요.

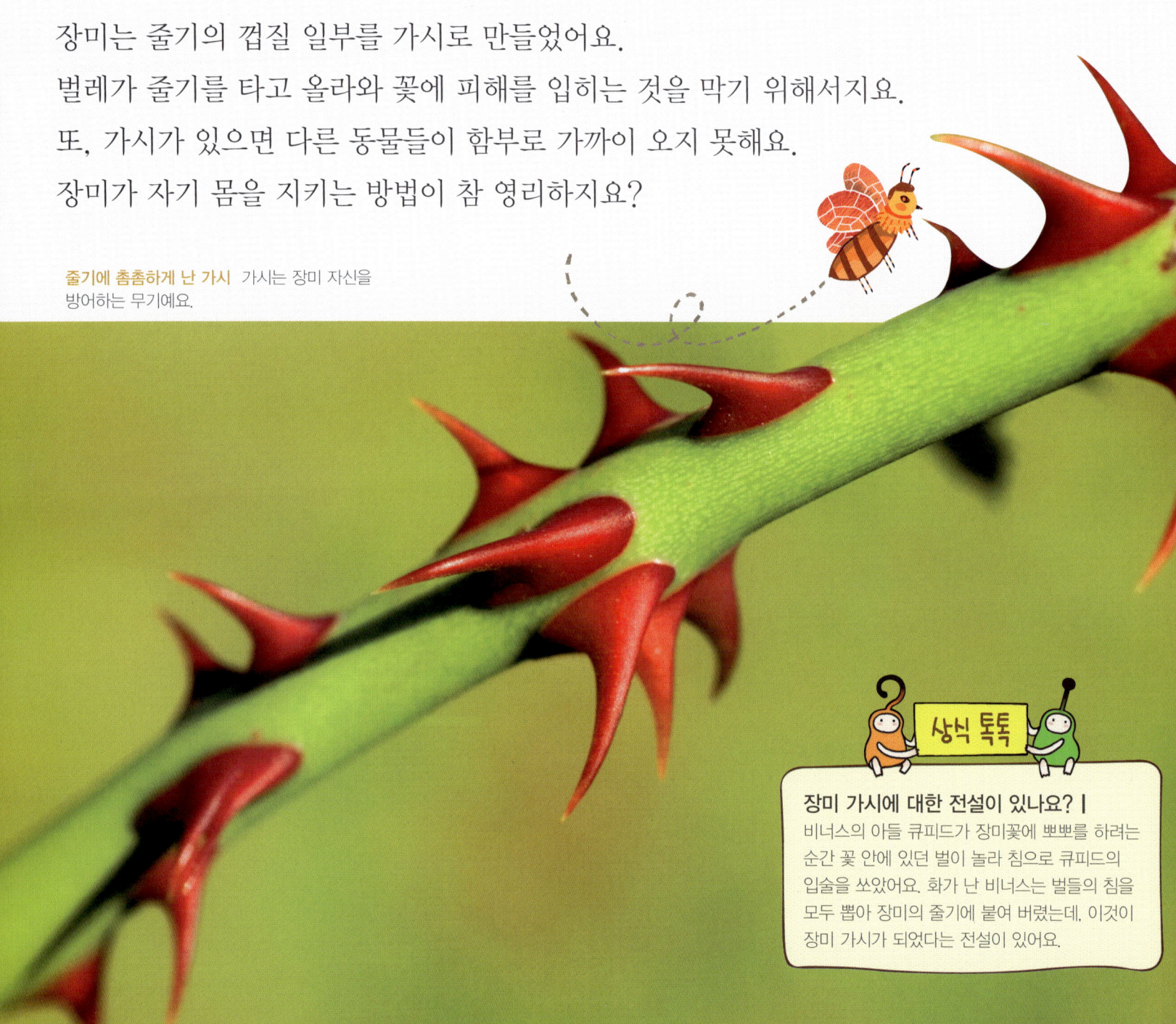

상식 톡톡

장미 가시에 대한 전설이 있나요?
비너스의 아들 큐피드가 장미꽃에 뽀뽀를 하려는
순간 꽃 안에 있던 벌이 놀라 침으로 큐피드의
입술을 쏘았어요. 화가 난 비너스는 벌들의 침을
모두 뽑아 장미의 줄기에 붙여 버렸는데, 이것이
장미 가시가 되었다는 전설이 있어요.

여러 가지 모양의 장미 가시

코뿔소의 뿔 모양을 닮은 가시

새의 부리 모양을 닮은 가시

아래가 넓적한 모양의 가시

암술과 수술이 함께 있어요

장미는 한 꽃에 암술과 수술이 있어요.

장미의 수술은 50개 정도이고, 암술은 보통 1개이지만

종류에 따라 여러 개인 것도 있어요.

장미는 한 꽃에 꽃잎, 꽃받침, 암술, 수술을 모두 갖추고 있지요.

꽃잎

수술

암술

꽃받침

장미꽃의 단면 암술 주위에 여러 개의 수술이 둘러싸고 있으며, 수많은 꽃잎들이 차곡차곡 겹쳐져 있는 것을 볼 수 있어요.

꽃가루받이를 도와주는 벌 활짝 핀 장미꽃으로 날아든 벌이 꿀을
먹는 사이 벌의 몸에 꽃가루가 묻어요. 꽃가루가 묻은 벌이
꽃 속에서 움직이면 암술머리에 꽃가루가 묻어요.

상식 톡톡

장미꽃의 특징은 무엇인가요? ┃장미꽃은
꽃잎, 꽃받침, 암술, 수술을 모두 갖추고 있는
갖춘꽃이에요. 암술과 수술이 한 꽃에 들어
있어서 양성화라고도 하고, 꽃잎이 낱낱이
갈라져 있어서 갈래꽃이라고도 불러요.

붉은색 열매를 맺어요

꿀벌이 꽃가루받이를 도와주면 꽃잎이 하나둘 떨어지기 시작해요.

꽃잎이 다 지면 씨방이 자라고, 씨방이 자라서 붉은색 열매가 되어요.

열매 속에는 작은 씨들이 들어 있어요.

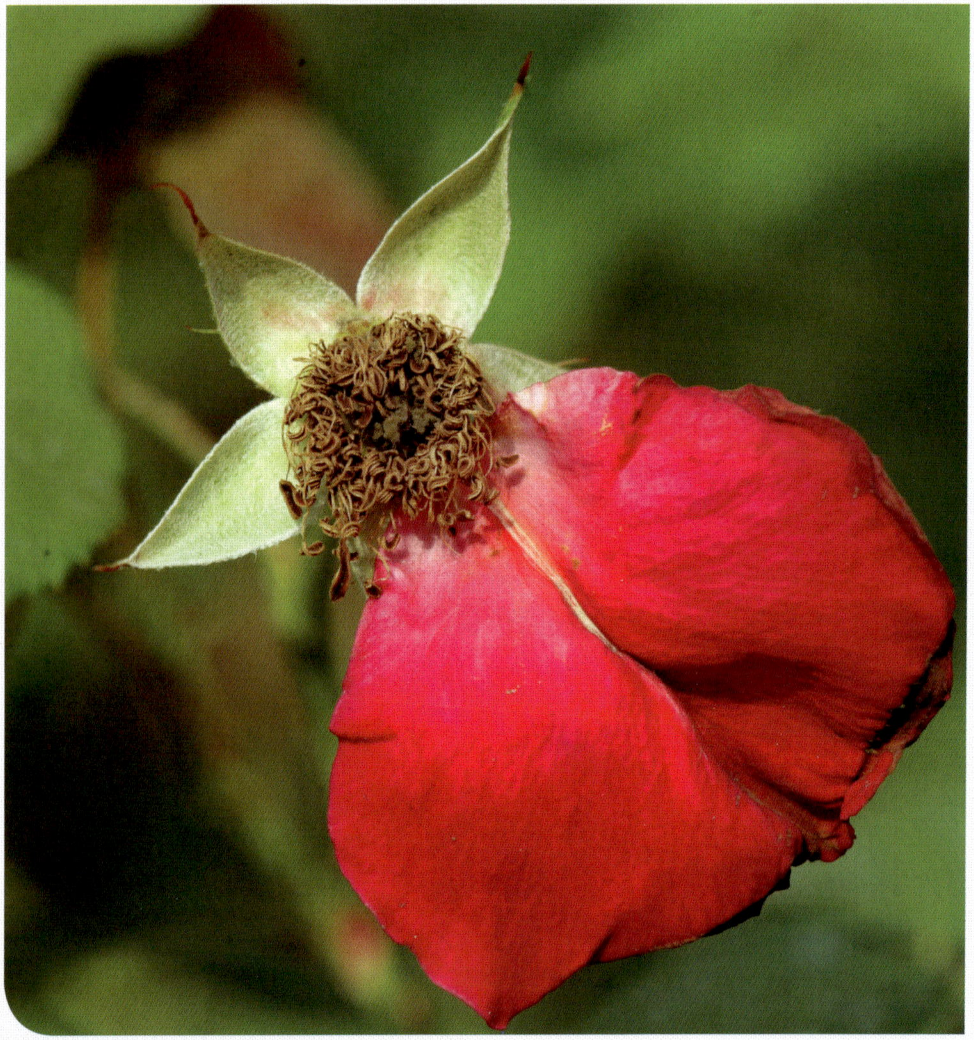

자라는 씨방 꽃잎이 다 떨어지면 씨방이 부풀어요.

꽃잎이 지고 난 뒤, 달리는 붉은색 열매는 무엇이 자라서 된 것인가요?

(정답은 45쪽에 있습니다.)

시든 꽃잎 꽃잎이 시들면서 하나둘 떨어져 버려요.

꽃받침

열매

장미 열매 다 익은 열매는 붉은색으로 변해 마치 방울토마토처럼 가지에 매달려요.
붉게 익은 열매 끝에 꽃받침 흔적이 남아 있어요.

장미 열매 속의 씨 열매 속에 씨가 있지만
장미는 씨를 심어도 싹이 잘 나지 않아요.
열매 모양은 약간 길쭉하거나 둥근 모양이에요.

해마다 새로운 꽃이 피고 져요

장미는 꽃이 시들어도 뿌리와 줄기는 살아 있어서
해마다 새로운 잎이 돋아 자라는 꽃나무예요.
장미의 잎은 3~7개의 작은 잎이 함께 무리 지어 돋아나 자라는 겹잎이에요.

01 가지에서 잎이 될 싹이 나와요.

02 싹에서 여러 장의 잎이 함께 나와요.

03 새잎의 끝부분은 붉은색을 띠어요.

04 꽃자루 끝에 작은 꽃봉오리가
맺혀요.

05 꽃받침이 벌어지면 잎을 다문
꽃잎이 보여요.

06 꽃받침이 젖혀지고 꽃송이가
탐스럽게 부풀어요.

07 바깥쪽 꽃잎부터 하나씩 꽃잎이 젖혀져요.

장미는 가지 끝에 새로 생긴 꽃자루가 나오고,
이 꽃자루 끝에 꽃봉오리가 달려요.
꽃자루는 한 가지에서 여러 개가 뻗어서
여러 송이의 꽃을 볼 수 있어요.

08 안쪽에 있던 꽃잎까지 모두 젖혀져 장미꽃이 활짝 피었어요.

탐스럽게 핀 장미

덩굴장미와 나무장미

장미는 덩굴장미와 나무장미, 이렇게 두 가지로 나눌 수 있어요.
덩굴장미는 줄기가 가늘어서 똑바로 설 수 없고 작은 꽃송이가 주렁주렁 달려요.
나무장미는 줄기가 꼿꼿하게 서서 자라고
가지 끝에 몇 송이의 꽃만 큼직하게 달리지요.

울타리에 기대어 피는 덩굴장미 덩굴장미는 혼자서는 똑바로 설 수 없어서
담장이나 울타리, 기둥 같은 곳에 기대어 자라요. 아치 모양의 기둥을 타고
자라는 덩굴장미는 정원을 장식하는 데에 많이 쓰여요. 줄기는 3~10미터까지 자라요.

미니어처로즈 나무장미의 한 종류로 지름 2센티미터쯤 되는 작은 꽃이 피고, 키는 15센티미터 정도 자라서 화분에 기르기에 알맞아요.

나무장미 덩굴장미보다 꽃이 크며, 줄기는 50센티미터 정도부터 2미터까지 자라요.

엄마랑 퀴즈랑

줄기가 가늘어 똑바로 설 수 없으며, 작은 꽃송이가 피는 장미는 무슨 장미인가요?

(정답은 45쪽에 있습니다.)

난 이렇게 생겼어요

장미는 종류에 따라 꽃잎의 수가 100장 이상 차이가 나요.

하지만 꽃받침은 모두 5장으로 똑같아요.

줄기에는 날카로운 가시가 있지요.

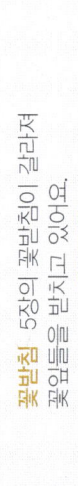

꽃받침 5장의 꽃받침이 갈라져
꽃잎들을 받치고 있어요.

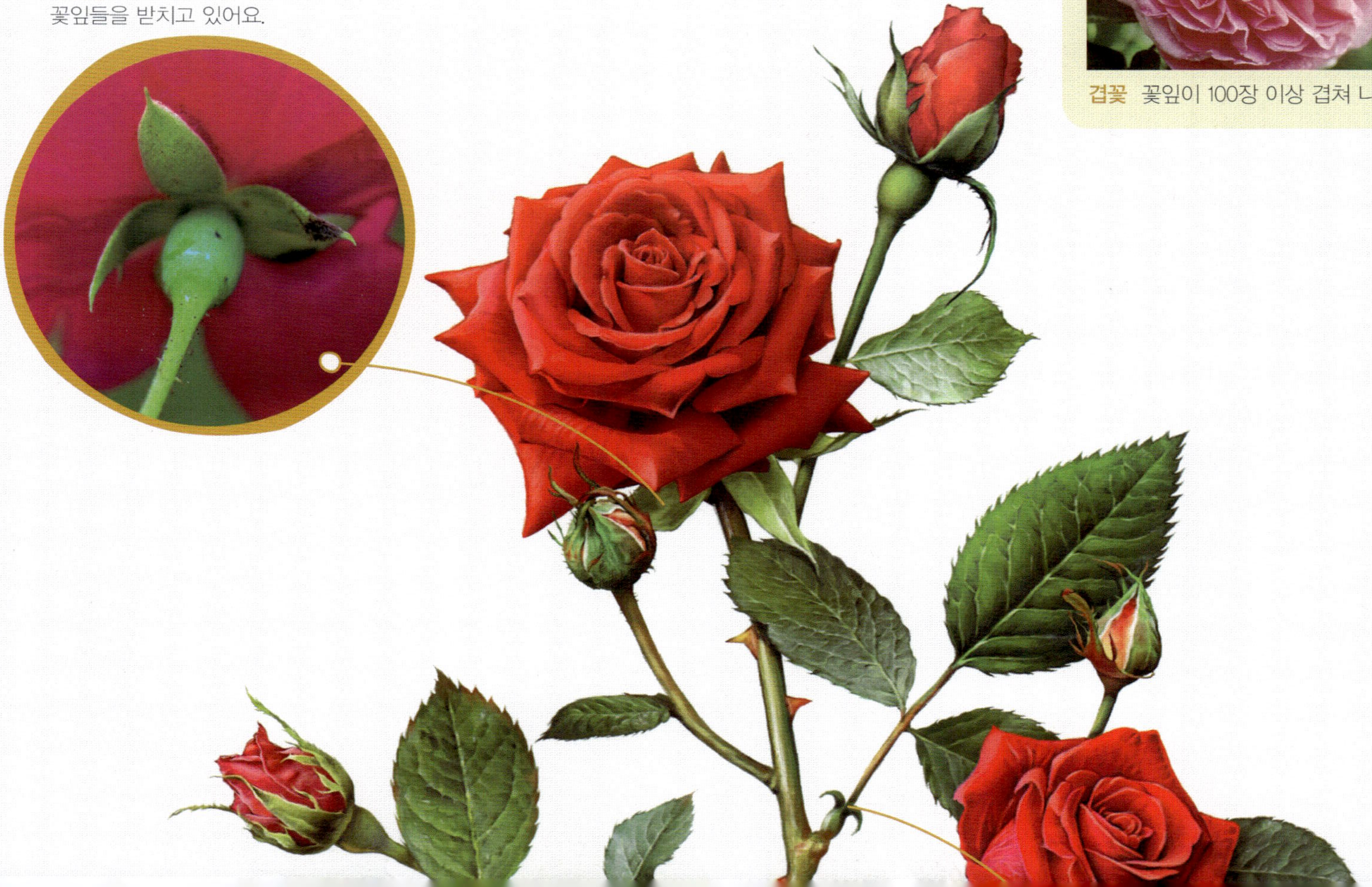

엄마랑 퀴즈랑

장미꽃은 꽃잎 수는 달라도
꽃받침의 수는 모두 같아요.
꽃받침은 몇 장인가요?

(정답은 45쪽에 있습니다.)

턱잎 잎자루 아랫부분에 한 쌍으로
나 있는 작은 잎을 말해요.
어린잎을 보호하는 역할을 해요.

줄기 녹색을 띤 갈색이며,
물과 영양분이 지나다니는
길이 있어요.

가시 장미의 줄기에는 뾰족한
가시가 나 있어요.

뿌리 장미의 뿌리는 원뿌리와 곁뿌리가
있는 곧은뿌리예요.

우리는 모두 장미 친구예요

장미는 원래 들이나 산기슭, 바닷가 등에서 스스로 자랐어요.
"어머나, 향기가 참 좋네. 우리 집에 옮겨 심어야겠어."
사람들은 야생 장미를 집 가까이에 가져와 기르기 시작했어요.

■ 자연 그대로의 야생 장미

야생 장미(들장미) 장미의 원산지는 대부분 아시아 지역이에요. 야생 장미는 사람들이 가꾸지 않아도 스스로 잘 자랐어요.

야생 장미의 열매
야생 장미의 열매는 비타민
시(C)가 특히 많이 들어 있어
열매를 수확하여 여러 가지로
이용해요.

야생 장미의 열매는 어떻게 이용하나요?
장미의 열매에서 나오는 장미 기름에는 비타민
시(C)와 에이(A)가 많이 들어 있어요. 장미 기름은
여드름과 주름살을 없애 주고 피부에 수분을 주는
효과가 뛰어나서 화장품의 원료로 많이
쓰여요.

야생 장미의 꽃 야생 장미는 꽃잎이 5장이에요. 꽃잎이 많은
장미는 사람들이 품종 개량을 하여 만들어 낸 것이에요.

▪ 새롭게 탄생한 개량 장미

사람들은 장미의 매력에 빠져 계속 새로운 장미꽃을 만들었어요.
꽃잎의 수를 더 많이, 꽃송이를 더 크게, 색깔을 더욱 다양하게.
장미꽃은 무려 1만 5천여 가지나 만들어졌고,
지금도 새롭고 매력적인 꽃을 계속 연구하고 있어요.

레오나르도다빈치
꽃잎의 수가 아주 많아요.

이사벨 연한 분홍색이 아름다워요.

뉴칼레도니아 새하얀 꽃이 아름다워요.

아쿠아리스 분홍색 꽃잎의 안쪽이 노란색이에요.

골든메리온 선명한 노란색 꽃이 피어요.

오렌지주스 오렌지주스가 떠오르는 색깔이에요.

핑크피스 제2차 세계 대전 직후 만들어서 피스(평화)라는 이름을 붙였어요.

장미와 친척이에요

장미와 비슷하게 생긴 식물은 굉장히 많아요.
대부분 줄기에 가시가 있고, 키도 비슷비슷하게 자라요.
5장의 꽃잎으로 이루어진 꽃의 생김새도 서로 비슷해요.

해당화 야생 장미와 비슷하게 생겼어요.

흰인가목 가시가 있으며 5~6월에 새 가지 끝에 흰 꽃이 피어요.

찔레 5장의 꽃잎을 가진 갖춘꽃이며, 꽃잎이 낱낱이 갈라져 있는 갈래꽃이에요.

장미랑 놀자!

장미

장미목 장미과 장미속에 속하는 떨기나무예요. 떨기나무는 줄기와 가지의 굵기가 비슷하고, 키가 1.5~2미터 정도만 자라는 나무를 말해요. 꽃이 아름답고 향기로워 품종 개량이 많이 이루어졌으며, 품종에 따라 꽃이 피는 시기가 다르고 색깔이나 생김새도 여러 가지예요. 봄이 되면 가지에서 새싹이 돋고 꽃눈이 나와 해마다 아름다운 장미꽃을 볼 수 있어요.

장미는 언제부터 기르기 시작했나요?

장미에 대해 남아 있는 기록 중 가장 오래된 것은 약 3천만 년 전에 만들어진 장미 화석이에요.
또 4천 년 전쯤의 고대 이집트나 중국의 유물, 벽화 등에서 장미와 관련된 모양이 자주 발견되는
것으로 미루어 장미는 아주 오랜 옛날부터 길렀을 것으로 추측돼요.
많은 사람들로부터 사랑을 받는 장미는 언제부터 기르기 시작했을까요?

▌기원전, 장미에 대한 기록

기원전 3000~기원전 2000년 바빌론 궁전 등에서
장미 재배가 크게 유행했다는 기록이 있어요. 기원전
2000년 이전에 나온 수메르 인의 〈길가메시 서사시〉에는
'이 풀의 가시는 장미처럼 네 손을 찌를 것이다.'라는
구절이 있지요. 고대 이집트의 아주 오래된 책에는 사계절
꽃이 피고 향기가 좋은 장미의 품종이 기록되어 있어요.

또 그리스·로마 시대에는 유럽 지역의 야생 장미와
서아시아지역의 야생 장미가 자연스럽게 섞인 변종이
재배되었는데, 변종의 일종인 겹꽃 '센티폴리아', 향기가
좋은 '다마스크로즈' 등 장미 품종을 정확히 적어 두었어요.
이것이 장미에 관한 최초의 정확한 기록이에요.

그밖에도 장미꽃으로 파티 장소를 꾸미고 포도주에 장미의
꽃잎을 띄워서 마셨다는 이야기도 전해 와요.
이처럼 장미에 대한 기록은 기원전 3000년 전부터 세계
여러 곳에서 발견되어요.

■ 본격적인 재배

　　르네상스(14~16세기) 이후인 1500년경에 유럽 남부에 있는 영국과 프랑스 지역에서 본격적으로 장미를 기르기 시작했어요. 이때 중국을 비롯한 동양 각지의 장미가 서양으로 옮겨 와 유럽 장미와 섞이면서 여러 가지 서양 장미의 품종이 생겨났어요.

오늘날의 서양 장미 중에서 꽃이 큰 것들은 사계절 내내 꽃이 피는 중국산 야생 장미와 향기가 뛰어난 유럽산 야생 장미를 섞어 만든 잡종을 더욱 개량해서 만든 거랍니다.

→ **꽃이 큰 장미** 르네상스 시대 이후에 본격적으로 만들어졌어요.

■ 동양에서의 기록

　　흔히들 장미를 서양의 꽃으로 알고 있으나 우리나라와 중국 등 동양에서도 예로부터 장미를 길러 왔어요. 향료용·의약용·장식용으로 기른 서양과는 달리, 동양에서는 주로 집 마당에 심어 두고 꽃을 감상하기 위해 길렀어요.

중국에서는 야생종의 장미를 재배했는데, 봄에 꽃이 피기 시작하여 여름이 끝날 때까지 매달 연이어 핀다고 하여 월계화(月季花), 계속 꽃을 피운다 하여 장춘화(長春花)라고도 불렀어요.

우리나라에서는 일찍부터 장미의 친척인 찔레꽃, 돌가시나무, 해당화 등을 길러 왔어요. 조선 세조 때 편찬한 원예 관련 책인 《양화소록》에는 장미는 자태가 아름답고 아담하다는 기록이 있으며, 조선 헌종 때 연중 행사와 풍속 등을 정리한

→ **노란 장미** 노란 장미꽃으로 화전을 만들어 먹었다는 기록이 있어요.

《동국세시기》에는 5월에 노란 장미꽃을 따다 떡을 만들어 기름에 지져 먹었다는 기록이 남아 있어요.

하지만 이런 문헌에 나타나는 장미는 요즘에 볼 수 있는 장미가 아니라 장미과에 속하는 야생 장미 비슷한 꽃이었을 것으로 추측하고 있어요.

오늘날과 같은 장미는 8·15 광복 이후에 유럽과 미국 등지에서 들어왔어요. 요즘에는 우리나라 고유 품종 장미에 관한 연구도 활발히 진행 중이에요.

장미를 꺾꽂이해 보아요.

장미는 씨에서 싹이 잘 나지 않아 꺾꽂이나 접붙이기 방법으로 번식시켜요. 나무의 가지를 자르거나 꺾어 흙에 심는 것을 꺾꽂이라고 해요. 나무의 가지를 꺾어서 땅에 심으면 그 가지에서 뿌리와 싹이 나와 새로운 한 그루의 나무를 얻을 수 있어요. 화분에 꺾꽂이한 가지에서 뿌리가 잘 내리면 마당에 옮겨 심어요.

 이런 것이 필요해요

| 칼 | 화분 | 흙 | 장갑 | 장미 | 발근촉진제 |

발근촉진제는 뿌리가 잘 나오게 하는 약이에요.

 장미 꺾꽂이는 이렇게 해요

1 새싹이 나올 싹눈이 붙어 있는 튼튼한 가지를 비스듬히 잘라요.

2 위쪽의 잎자루 2개만 남겨 놓고, 아래쪽의 잎들은 떼어 버리고, 가지의 아래쪽을 뾰족하게 다듬어요.

3 뿌리가 잘 나오도록 가지의 아래쪽에 발근촉진제를
바르거나, 진흙을 둥글게 빚어 붙여요.

이때 꺾은 가지의
2분의 1 또는 3분의 1
정도만 흙에 묻어요.

4 화분에 황토와 모래를 섞은 흙을 담은 후, 가지를
꽂고 흙을 손으로 잘 눌러 준 다음 물을 충분히 줘요.

5 잎이 마르지 않도록 비닐을 씌워 그늘에 두거나
햇빛 가리개로 가려 흙이 마르지 않게 관리해요.

6 2~3주 후면 뿌리를 내리고, 가지에서 새잎이 돋아나요.
그러면 햇빛을 볼 수 있게 해요.

☆ 주의할 점을 알아보아요

• 꺾꽂이한 가지에서 뿌리가 잘 내리고 싹이 잘 나게 하려면 적절한 시기를 택하는 게 중요해요.
  줄기는 완전히 자랐지만 줄기의 겉껍질이 아직 단단해지지 않았을 때가 꺾꽂이하기에 가장 좋아요.
  그래야 줄기에서 어린뿌리들이 껍질을 뚫고 잘 나올 수 있기 때문이지요.
• 일반적으로 꺾꽂이를 하기에 적합한 계절은 여름이에요.
• 꺾꽂이에 쓰이는 흙은 흙 속에 물을 오랫동안 보존할 수 있으면서 동시에 물 빠짐이 좋은 흙이 알맞아요.
  따라서 입자가 고운 흙에 모래를 섞은 흙을 준비해야 해요.

미술 작품 속의 장미는 어떤 모습일까요?

장미는 꽃 모양이 아름답고 화려할 뿐만 아니라 향기가 좋아서 오랜 옛날부터 많은 사람들에게 꽃의 여왕이라 불리며 사랑을 받아 왔어요. 장미에 대한 이러한 사랑은 여러 미술 작품이나 생활용품을 통해서도 잘 드러나지요. 그럼, 미술 작품 속의 장미가 어떤 모습으로 표현되었는지 알아볼까요?

■ 장미의 탄생 신화를 나타낸 보티첼리의 〈비너스의 탄생〉

고대 그리스의 많은 시인들이 장미를 꽃의 여왕, 사랑의 꽃 등으로 찬미하였어요. 특히 그리스 · 로마 신화에 따르면 미의 여신 아프로디테를 본 신들이 세상에서 가장 아름다운 꽃을 만들어 바쳤는데, 그 꽃이 바로 장미꽃이라는 전설이 전해 와요. 장미꽃은 이처럼 미의 여신과 관련되어 있기 때문에 사랑, 기쁨, 아름다움, 순결 등의 상징으로 여겨요.

르네상스 시대에 활동했던 이탈리아의 화가 산드로 보티첼리(1445~1510년)는 〈비너스의 탄생〉이라는 작품으로 유명해요. 〈비너스의 탄생〉에는 장미와 비너스의 탄생과 신화가 자세히 그려져 있어요. 키프로스섬 근해의 바다 거품 속에서 비너스가 탄생하였다는 그리스 신화의 내용을 그린 것인데, 비너스의 아름다움에 반한 다른 신들이 장미꽃을 만들어 비너스에게 바치는 장면에서, 꽃잎이 여러 장인 장미의 특징이 나타나 있지요.

이 작품은 르네상스 미술의 특징인 자유로움과 개방적인 모습을 보여 주는 것으로 유명해요.

→ 〈비너스의 탄생〉 비너스의 탄생 장면을 그린 그림 중 보티첼리의 작품이 제일 유명해요.

도자기에 나타난 장미꽃 무늬

　　장미꽃은 봄에 꽃이 피기 시작하여 여름이 끝날 때까지 매달 연이어 피고 지는 특성을 지니고 있기 때문에, 동양에서는 오래도록 싱싱하고 아름다운 청춘 또는 사계절을 상징해요.

미술 작품에 나타나는 장미는 다른 요소들의 좋은 뜻과 합쳐져서 '청춘이나 사계절'을 더욱 강조하기도 해요. 예를 들어 평안을 의미하는 꽃병과 함께 장미를 그리면 사계절 내내 평안하기를 기원하는 의미가 되어요. 그래서 중국에서는 장미 무늬를 그려 넣은 꽃병이 많아요.

→ 중국 청나라 함풍제 재위 시절
(1831~1861년)의 도자기

→ 중국 청나라 건륭제 재위 시절
(1735~1795년)의 도자기

가문의 상징을 나타내는 장미

　　그림의 초상화는 요크 집안의 엘리자베스(1465~1503년)와 랭커스터 집안의 헨리 7세(1457~1509년) 왕을 그린 그림이에요. 그림 속의 엘리자베스와 헨리 7세는 각각 요크 가문의 상징인 흰 장미와 랭커스터 가문의 상징인 빨간 장미를 손에 쥐고 있네요. 이 둘이 결혼하여 아들 헨리 8세를 낳았는데, 헨리 8세는 영국에서 가장 유명한 여왕 엘리자베스 1세(1533~1603년)의 아버지가 되는 분이에요.

두 가문의 결혼 이후 빨간 장미와 흰 장미를 교배한 일명 '튜더' 장미가 영국 왕실의 상징으로 자리 잡아 지금까지 이어지고 있어요. 이때부터 장미는 영국의 나라꽃이 되어 영국 국민들의 사랑을 받고 있어요.

→ 영국 요크 가문의 상징인 흰 장미와 랭커스터 가문의 상징인 빨간 장미
장미는 가문의 상징을 나타내는 데에도 이용되었어요.

파란색 장미도 있나요?

장미는 원래 흰색 · 노란색 · 오렌지색 · 분홍색 · 붉은색을 띠어요. 12세기부터 전 세계에서
파란 장미를 만들어 보려고 노력했지만 소용이 없었어요. 장미에는 파란색을 띠는 색소가 없기
때문이에요. 그래서 '파란 장미(Blue rose)'는 영어 사전에 '있을 수 없는 것',
'불가능한 것'이라는 설명이 붙어 있지요.
그런데 일본의 한 회사에서 팬지꽃에서 뽑아낸 파란 색소 유전자를 장미꽃에 넣어서
파란 장미꽃을 만들어 냈어요.

'장미' 이름이 들어간 전쟁이 있다고요?

영국에서 1455년부터 1485년까지 30년 동안 계속된 랭커스터 가문과 요크 가문이 왕위를 차지하기 위해 벌인 전쟁을
'장미 전쟁'이라고 불러요. 왜냐하면 요크 가문의 상징이 흰 장미, 랭커스터 가문의 상징이 붉은 장미였기 때문이지요. 전쟁 중에는
요크 가문의 흰 장미 문양만 사용되고 랭커스터 가문의 빨간 장미 문양은 나중에 만들어졌어요. 이 전쟁은 랭커스터 가문의
헨리 7세와 요크 가문의 엘리자베스가 결혼하여 새로운 튜더 왕조를 세우면서 막을 내렸어요. 이 전쟁으로 많은 귀족과 기사의
세력이 꺾이고 왕권이 강해지게 되었어요.

장미를 이용하는 방법에는 어떤 것이 있나요?

화려하고 풍부한 장미의 향은 기억력과 집중력을 높여 주고 두통에 효과적이며,
우울증 치료에도 좋다고 오래전부터 알려져 있어요. 그래서 고대의 수많은 약제사들이
약품을 만들 때 장미를 많이 사용했지요.
장미 꽃잎은 먹을 수 있기 때문에 꽃잎을 말려 차를 만들어 마시면, 장미의 향을
느낄 수 있어 상쾌한 기분이 들어요. 또 차를 우려내고 남은 꽃잎을 목욕물 속에 넣으면,
촉촉한 피부를 만드는 데 도움을 주고 향긋한 향기를 느낄 수 있어서 좋아요.

우주에 장미꽃 모양이 있나요?

→ 장미 성운

아무것도 없을 것 같은 우주 공간에는 아주 조금이지만 가스와 먼지 같은 티끌이 있어요. 그런데 이것들이 뭉쳐서 모여 있는 곳이 있어요. 멀리서 보면 마치 구름처럼 보이는데, 이것을 성운이라고 해요.
이러한 성운 주위에 태양보다 뜨거운 별이 있으면 성운이 열을 받아서 빛을 내게 돼요. 이렇게 빛을 내는 성운 중 장미꽃 모양을 닮은 것을 장미 성운이라고 해요. 장미 성운은 마치 우주 공간에 커다랗고 예쁜 장미가 떠 있는 것처럼 보여요.

장미는 색깔에 따라 꽃말이 다른가요?

장미꽃은 색깔이 매우 다양해서, 색깔에 따라 꽃말이 서로 달라요. 그리고 몇 송이를 선물하느냐에 따라서도 의미가 달라진다고 해요. 꽃말과 개수의 의미를 잘 알고 장미꽃을 선물하면 좋을 것 같아요. 분홍 장미는 사랑의 맹세 또는 행복한 사랑을 뜻하고, 흰 장미는 존경 또는 순수함을 뜻해요. 노란 장미는 질투를, 빨간 장미는 열렬한 사랑을 의미해요. 그리고 장미 101송이는 상대에게 결혼해 달라고 청혼하는 의미래요. 빨간색 장미 20송이는 상대방을 좋아한다는 표시이고요. 재미있지요?

더욱 크고 아름다운 장미꽃을 보려면 어떻게 해야 하나요?

장미는 해마다 줄기 밑동에서 새로운 줄기가 나와요. 해마다 돋아 나온 작은 가지들을 그대로 두면 영양분과 햇빛을 서로 나누어 가져야 해서 꽃송이가 점점 작게 피어요. 그래서 큰 장미꽃을 보려면 가지치기를 해 주어야 해요. 꽃이 피었다가 시든 다음 가지치기를 해 주면 다음 해에 더 큰 꽃을 볼 수 있어요. 또 봉오리가 맺힐 때 작은 봉오리들을 따 주면 남은 봉오리가 더 탐스럽게 피지요.

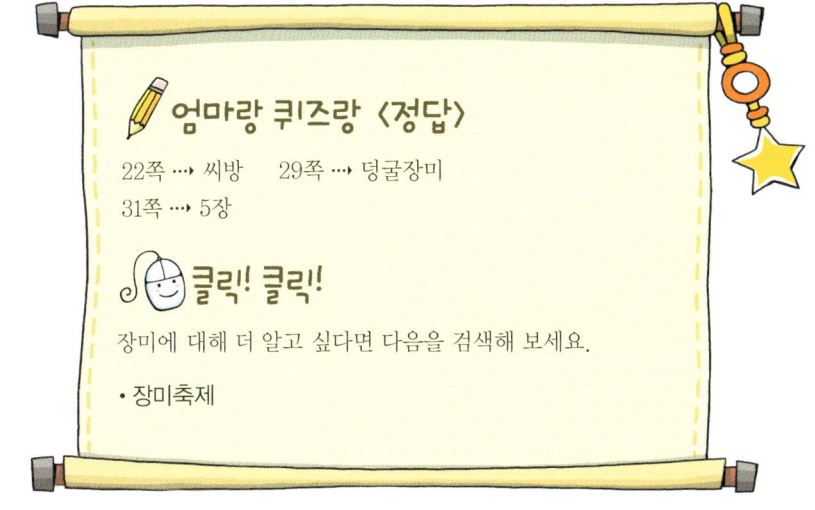

✏️ 엄마랑 퀴즈랑 〈정답〉

22쪽 ⋯⋯ 씨방   29쪽 ⋯⋯ 덩굴장미
31쪽 ⋯⋯ 5장

클릭! 클릭!

장미에 대해 더 알고 싶다면 다음을 검색해 보세요.

• 장미축제